W9-AFF-404

¿Barriga llena?

Martín Bonfil Olivera

Ilustraciones de Ixchel Estrada

LA
OTRA
ESCALERA

CASTILLO

—¡Ya no quiero comer! —dice Horacio—.
¡Estoy lleno!

—Pero m'ijo —dice su mamá—, si casi no has
comido nada…

—¡Es que ya estoy lleno! Además,
ya sé que debo comer, pero ¿por qué?
La mamá de Horacio se desespera…
es la historia de todos los días.

—Bueno, si no quieres comer, ¡pues ya no comas!
Ya estoy cansada de estar batallando contigo.
Y sale enojada de la cocina, mientras
Horacio se queda sentado frente al plato.

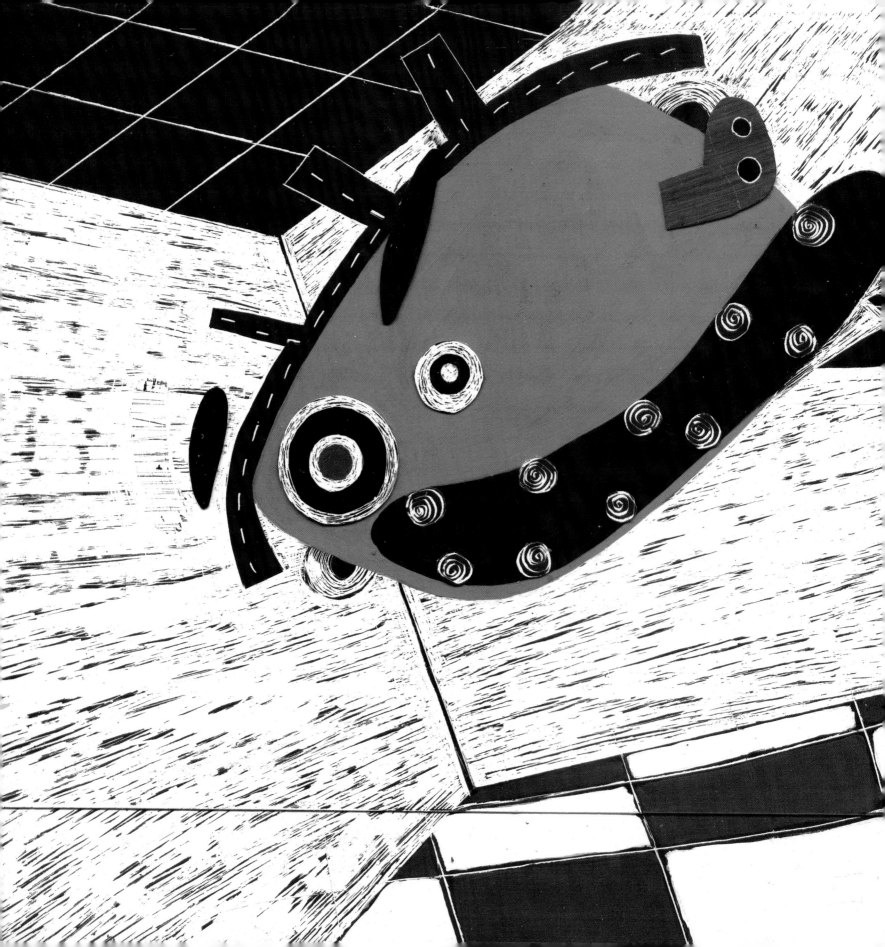

"¡Qué bueno que mi mamá se fue!", piensa.

"Así ya podré irme a jugar".

En eso, oye una voz que le habla.

—Horacio, ¡no me dejes sin comer!
¡Tengo hambre!

—¿Quién es? —pregunta Horacio,
volteando para todas partes.

—Soy tu estómago, aunque

tu mamá dice que soy tus tripas.

—¿Mi estómago? —pregunta

Horacio, mientras se levanta

la playera y se mira el ombligo—.

¿Y cómo puedes hablar?

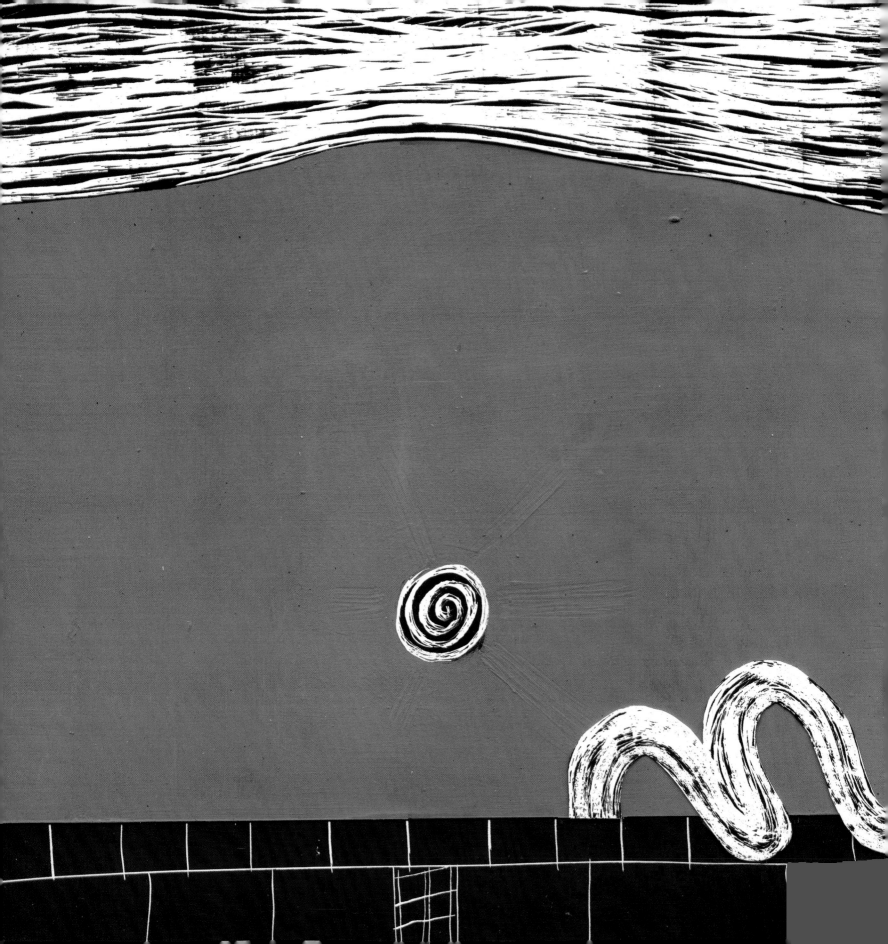

—Siempre me quejo cuando me dejas sin comer —contesta el estómago—. Hago ruidos, me revuelvo… pero como no me haces caso, decidí hablarte directamente. ¿Por qué no quieres comer lo que te prepara tu mamá?

—Es que me da flojera estar masticando —responde Horacio—. Yo quiero salir a jugar, no estar aquí sentado. No sé por qué mi mamá a fuerzas quiere que me acabe todo. ¿Por qué tengo que comer?

—A lo mejor yo y mis compañeros, los intestinos, te lo podemos explicar. Fíjate que nuestro trabajo es ayudarte cuando comes. Luego de que masticas la comida, yo la muelo más fino, y luego los intestinos la absorben. Si pasa mucho tiempo sin que nos des de comer, nos comenzamos a sentir mal…

—¿Y yo para qué quiero que mi intestino absorba la comida? —pregunta Horacio, no muy convencido.

—¡Ah! ¡Eso te lo podemos contestar nosotros! —se oyen otras voces, y Horacio siente como un cosquilleo por todo el cuerpo—. ¡Somos los músculos! —¿Los músculos?

—Sí, somos los que hacemos el trabajo de mover tu cuerpo. Sin nosotros no podrías hacer nada.

—¿Y qué tiene que ver eso con la comida?

—Tiene mucho que ver. ¿Sabes de qué estamos hechos? ¡De proteínas! Y la carne, el pollo o el pescado que te sirve tu mamá de comer tienen muchas proteínas. Si no comes suficientes, nosotros no creceremos y tú te pondrás débil.

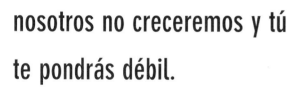

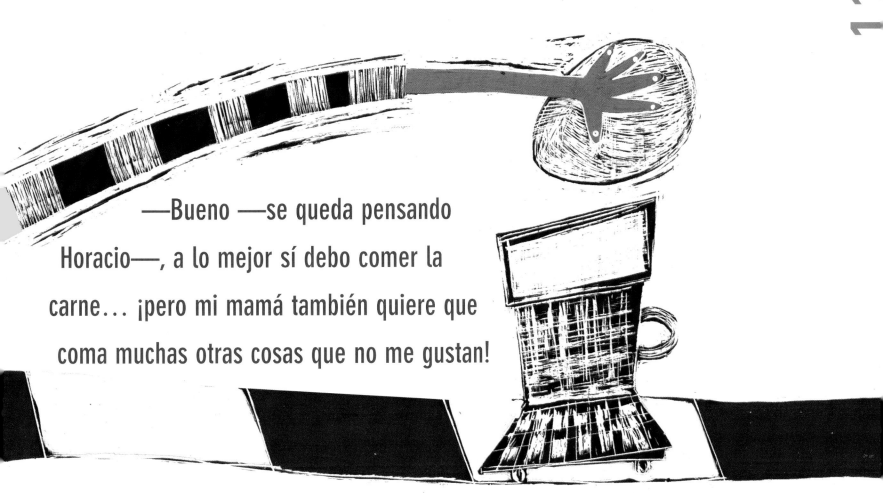

—Bueno —se queda pensando Horacio—, a lo mejor sí debo comer la carne… ¡pero mi mamá también quiere que coma muchas otras cosas que no me gustan!

En eso los brazos y las piernas de Horacio empezaron a agitarse.

—¡Nosotros también queremos que comas! Somos los huesos, y necesitamos el calcio, como el que hay en la leche que te dan en el desayuno.

El estómago explica:

—La comida contiene muchas cosas, Horacio. Además de las proteínas, también hay azúcares, grasas, vitaminas y minerales, como el calcio, y todos son necesarios. ¡Todo tu cuerpo está formado de los alimentos que comes!

—Además, los azúcares y las grasas nos dan la energía para movernos y realizar nuestro trabajo —añaden los músculos—. Cuando comes un dulce, el estómago y los intestinos absorben el azúcar que contiene, la sangre nos la hace llegar, y así nosotros tenemos energía para trabajar más.

—¿Y qué tiene que ver la sangre? —pregunta Horacio algo molesto porque no le gusta ver sangre. En eso, siente que le palpita el corazón, como cuando corre mucho.

—Yo tengo mucho que ver, porque me encargo de repartir el oxígeno que respiras y los alimentos que absorbe el intestino —dice la sangre—. El corazón me impulsa, y viajo por las venas y las arterias, que recorren todo tu cuerpo como una tubería.

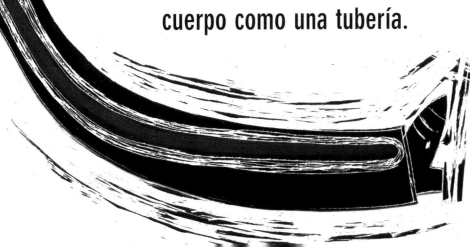

"A mí no me gusta hacer ejercicio. No creo que tenga que comer toda la comida que me da mi mamá...", piensa Horacio. De pronto, oye una voz que viene desde dentro de su cabeza:

—No sólo los músculos necesitan alimento, Horacio. **Soy tu cerebro,** y también gasto mucha energía pensando. Sobre todo cuando te pones a estudiar. Si no comes, no puedo hacer bien mi trabajo.

—¿O sea que todo mi cuerpo funciona con comida?

—¡Funciona con comida y está hecho de comida! ¿Ahora ves por qué tienes que comer?

—¡Pero si me como todo lo que mi mamá me da, me voy a inflar como un globo!

—Eso no es cierto. ¡Para eso estamos nosotros aquí! —se oyen otras voces que parecen venir de la barriga de Horacio.

—¿Y ustedes quiénes son? —pregunta él, riéndose, pues todas sus tripas parecen hacerle cosquillas por dentro.

—Somos otra vez tus intestinos, junto con tu hígado y tus riñones. Entre todos te ayudamos a deshacerte de lo que sobra en tu organismo. O si no, ¿por qué crees que tienes que ir al baño?

—Para hacer popó —contesta Horacio.

—Siempre hay una parte de la comida que no le sirve a tu cuerpo, y es la que sale en forma de excremento o popó —explican los intestinos.

—Y nosotros filtramos de la sangre los desechos que dejan los músculos, el cerebro y todos los órganos de tu cuerpo después de trabajar —dicen los riñones—, y los expulsamos en forma de orina, o pipí.

Horacio se queda pensando, mientras mira la comida…

"Si me quedo aquí sentado —piensa—
ya no me va a dar tiempo de jugar…"

Cuando ve que su mamá entra de nuevo a la cocina, la llama:

—Oye mamá.

—¿Qué, mi vida?

—Estuve pensando en lo que siempre me dices, que comer es bueno para crecer y estar sano y todo eso...

—¿Y? —pregunta la mamá de Horacio.

—¿Qué crees?
Que de todas maneras,

¡no puedo

acabarme

la comida!